기억의 슬픔

이원문
제50집

기억의 슬픔

이원문 지음

책나무

| 차례 |

제2부

제3부

제4부

제1부

밤벌레

한낮에 잠들고
어둠에 우는 밤
고요한 뜨락
달빛에 젖는다

이슬 내린 뒷문 밖
수수 잎 젖는 밤
바람 불면 어쩌나
머문 세월 울고 간다

뒷산 길

뒷산 길은 인생의 길
가르침에 스승의 길
알암 한 줌에 부족함을 배우고
묵 쑤워야 할 도토리 주우며
크고 작은 그릇을 배웠다
내려다보이는 저 황금 들녘
어느 집 논이고 누구의 겨울일까
저 들녘 바라보며 내일을 배웠고
흐르는 구름에서 세월을 배웠다
여기에 오르며 주워 담고 채운 시간들
기우는 해 따라 그림자는 길어져야 했나
산허리 그림자에서 시간을 배웠다

봄날에 진달래 그 산기슭 찔레꽃
꺾어 쥔 꽃에서 사랑을 배웠고
여름날 뻐꾹새 기다림의 뜸북새
뻐꾹새 울음에서 슬픔을 배웠다
논 가운데 뜸북새 울음 아직 멎지 않았나
보릿고개의 이 뒷산 길
나부끼는 보리 보며 배고픔을 배웠고
디딘 이 발 흔적에서 거칠은 세상을 배웠다
눈으로 덮여야 할 이 뒷산 길

우리 초가 덮은 눈은 무엇을 가르쳤나
집집마다 저녁연기 허기를 가르친다

구름의 꿈

여름 하늘 뭉게구름

가을날에 흩어지고

흩어진 뭉게구름

그리움 모은다

저 흩어진 새털구름

다 모으면 여름 될까

모아도 흩어져 모이지 않고

저무는 그날 노을만 져간다

은하수의 기억

우리 어려서 그렇게 놀았지
펴놓은 멍석에 잠들었던 날
홑이불에 꼭꼭 숨어 숨바꼭질하고

모깃불 연기는 왜 나에게만 오는지
눈 매워 비켜서면 그 자리로 오고
다시 비켜서면 또 그 자리로 따라왔지

누워보는 밤하늘 어느 별이 제일 밝았지
아는 별 북두칠성 큰곰자리 은하수
그 밖의 별 이름은 다 같이 몰랐고

볼수록 더 많은 별 마음에 담던 날
나는 너에게 그 별 따줄 줄을 왜 몰랐는지
이제 너에게 그 별 모두 따주고 싶구나

외로운 철새

무너진 그날
얼룩진 행복

찾을 꽃 없고
찾을 곳 없다

우정의 노을

동무야 가자
다시 돌아가자
세상은 다 거짓이여
다 거짓이었어

우리 가자
다시 돌아가자
내려놓고 버리고
누룽지 나누어 먹자

멀어진 너와 나
세월의 속임이여
우리 속지 말고
다시 돌아가자

가을 양지

때늦은 너의 꽃
이제 피어 무엇을 바라느냐
그 며칠의 찬 서리 지붕 밑에 숨었는데

그늘 들어오면
누가 걷어 밤으로 보내 줄까
양지도 그늘 되면 그 그늘에 시려울 것이고

너의 꽃 지는 날
지는 것이 아니라 세월이 떼어낸 것이란다
나머지 오그라져 벌 나비 찾아올까

어머니의 모습

옥양목 앞치마에 수건 두른 어머니

멀리서 부르면 달려가 손잡고

일 가는 길 멀어지면 보고 싶던 어머니

아내 몰래 떠올리니 옛 생각에 눈물 난다

길고 긴 보릿고개에 호미 들던 우리 엄마

품팔이 집 밥 얻어다 나 먹였던 우리 엄마

그 밥 놓고 투정해도 달래었던 우리 엄마

지금도 아내 몰래 우리 엄마 그립니다

가을 샛문

더워 열어놓은 문
닫으라 하는구나
세월 젓던 옥수수 잎
그새 말라 비틀리고
이제 어느 바람이 이 부채를 펴줄까
때 지난 세월 깊어 가는 가을인데

다 왔다가 그렇게 가는 것
이 자리에 앉아 부채질하던 날
손가락 안 지나 간 일
눈에 넣고 무어라 했나
어제의 꿈 하루 새 옛날 찾아 떠나고
오늘 꿀 궁금한 꿈 내일이 싫구나

억새꽃 하늘

바람 쓸쓸히
시드는 것이 가을인가
그 파랗던 잎
단풍으로 물들이고
회색 억새꽃
하얀 날 기다린다

하얀 날 돌아오면
누가 다녀갈까
바람 불면 어쩌나
찾는 이 누구일까
새털구름 억새꽃 하늘
바람 쓸쓸히 하얀 날 기다린다

유럽연수(교육) 2016. 9. 28

내일은 떠나는 날

하늘 높이 오르지 못했던 나

큰 바다를 건너지 못했던 나

이 땅 밖 멀리 가보지 못했던 나

궁금한 그곳 사람 어떻게 살아갈까

먹는 것이 무엇이고 생활이 어떠할까

눈 안에 들어올 그곳의 그림들

설레임 반 걱정 반 잠이 안 온다

(영국 프랑스 스위스 이태리) 4개국

비 오는 가을

빗줄기에 모은 마음
풀잎에 맺히니
한 잔의 커피에
인생이 담긴다

나는 누구요
여기의 나 누구요

동행자 없는 이 몸
누구에게 물었나
누구에게 물었는지
묻는 나도 모른다

구천(口天)의 구름

만 미터 오르니
모두 밑인데
흐르는 구름은
올려본 것과 같았다

달리는 구백 키로
열두 시간의 허공
영하 오십사 도
그 알림이 맞던가

달리는 구름 위에
구름의 그림들
바다는 하늘과 같고
땅은 손바닥 위 그림 같았다

유럽 여행

자랑 하는 반만 년
우리 민족 뭘 했나

갈라진 남과 북
우리끼리 무엇을 하고

밟히는 반만 년
늪 속의 남과 북

독 안에든 쥐라 하더니
그 쥐가 어떻게 하던가

한글의 밤

외갓집의 맏딸 우리 엄마는
보릿고개는 알아도 한글을 모른다

누나에게 편지 오면
누구의 편지냐 묻던 엄마

눈치로는 아는데
읽지 못했던 우리 엄마

이웃으로 다니며
글 동냥하던 우리 엄마

등잔불에 바늘 쥐고 꾸벅꾸벅 졸면
나는 연필 쥐고 그렇게 잠들었다

단풍의 언덕

진달래 단풍에 어렴풋한 기억들
누구의 이름 하나 뚜렷한 것 없고
흐릴수록 이 가을도 깊어간다

억새꽃 사이로 떠오르는 얼굴들
누구의 모습이 이 억새꽃에 숨었을까
그 옛날 추억도 가을 따라 깊어간다

단풍의 일기

뒷동산에 올라
단풍잎 모으던 날
누구 전해 줄 것도 아닌데
그리 정성스레 모았는지

빨간 잎 노란 잎 벌레 먹은 잎
하나 따 쥐고 나면
그 옆의 것이 더 예쁘고
또 하나 따 바라보면
점박이 무늬에 끌렸었지

그렇게 모은 단풍
어느 책 속에 두었나
잊고 잃었던 날
그 아련한 기억 나를 찾지 않을는지

가을 담

나무 가쟁이의 메꽃
붙어 오른 담쟁이
메꽃 시들어 오르다 멈추고
담쟁이 잎 검푸르더니
빨갛게 물들어간다

시간은 그렇게 냉정한 것인가
더 오르지 못하고 멈춰선 내일
담쟁이는 그래도 붙은 내일이 있는데
메꽃은 그마저 다 접혀 늘어지고
붉은 담쟁이 잎만 목부터 털어댄다

억새꽃 사랑

그리워 찾은 언덕
네 모습은 없고
바람만 쓸쓸히
억새꽃 눕힌다

하늘 높이 그리움
구름 속의 너
억새꽃에 가려진 나
바라보고 있지 않는지

보거든 돌아설 때
메아리에 남겨주고
노을 지면 노을 위에
너의 모습 그려다오

구름의 석양

길 찾아가야 하나
이곳에 머무를까
지나온 수수 밭 밤
넘는 달이 걷어 가고
들녘의 그 참새 떼
마을 찾아 떠났다

드러난 논바닥
쓸쓸한 수수 밭
저 들녘 찾던 새
뜸북이 어데 갔나
이 고갯마루 단풍 지는 날
짊어진 이 운명 어디에 닿을까

제2부

낙엽의 고향

쓸어 모아 태우기 귀찮던 낙엽
마당으로 뜨락으로 우물 둥치까지
우수수 날리던 그 많은 낙엽
싸리비로 쓸고 나면 또 모이고

문간까지 날려 와 속상했던 낙엽
태우면 그 연기에 눈 매워 눈물 나고
빨리 태우려 뒤집어 두드리면
잿티는 왜 그리 많이 날렸던지

태우던 그 냄새 다 어디 갔나
쓸어 모으기 귀찮던 낙엽
지금은 안 태워도 그 향기에 젖고
그 향기 맡고 싶어 싸리비 들고 싶다

빨래터의 가을

이 여름옷에 묻어간 시간
땀도 많이 흘렸지

얇고 가벼워 빨기는 좋은데
이제 제법 손이 시렵구나

빨래 방망이로 저어 보낸 낙엽
머물지 않고 잘 가고 있는지

내려갈 줄 모르고 이 물에서 빙빙 도니
떨어진 것 말고 또 무엇이 아쉬운가

이 가을 며칠에 서리 내리면
더 두꺼운 옷에 손이 저릴 것인데

가을 칡

언덕 위 나뭇잎 곱게 물들고
감아 오른 칡넝쿨 잎부터 시든다
이 언덕의 주인이 칡넝쿨이건만
계절에는 어쩔 수 없는 것인지
숨겨온 아이들의 꿈 뿌리 깊이 숨는다

석양의 눈물

지는 해에 묻어 넘는 서글픈 마음
바람 쓸쓸히 어디로 가야 하나
입 하나에 보내진 집 여기도 아니고
못 채운 주인 욕심 나 있을 곳도 아니다

엊그제 논 가운데 뜸북이 울음
앞산 뻐꾹새 무엇을 가르쳤나
그 잠깐 발두렁 잠에 어머니가 부르는 소리
나를 찾았나 이 집을 떠나라 했나

동네 아이들과 놀고 싶었던 날
눈총에 일 안 하면 안 되었던 나였나
이제 떠나야 하는 석양의 고갯마루
주인어른 한마디 그 말씀에 서운하다

나무 벌레

인생은

낙엽과 같은 것

얻은 것이 무엇이고

잃은 것이 무엇이냐

저무는 가을

바람이 차갑구나
아니 시렵구나
우그러드는 나뭇잎
움츠러든 사람의 마음

덥다던 그 여름이
이제야 아쉽구나
그래도 겨울보다
여름이 낳은 것을

등에 찬물 끼얹고
웅달 찾으면
눈꺼풀 내려오고
얼마나 시원한가

벗을 수 없는 겨울
그것도 아니고
껴어 입고 두르고
찾을 곳이 어디인가

여름 바람 겨울 바람
섞을 수만 있다면

얇은 옷 둘러도
그리 춥지 않을 것을

볏 가마의 꿈

방앗간이 기다리는 타작하는 날
궁굴레 통 도는 소리 누구네 집 소리일까
이 집 저 집 부잣집 볏 가마 쌓이는 날

벼 몇 단의 우리 집 굴뚝 뒤에 그네 그을리고
끄을린 그네 꺼내니 동생들이 우는구나
이 그네 놓고 훑는 벼 몇 가마니나 나올까

철없는 동생들이 무엇을 알겠나
다가올 엄동설한 부엉이의 보릿고개
항아리 김칫독 배추 이삭 주워오라 하는구나

새벽 구름

먼동 훤히 나뭇가지 들어나고
동쪽 하늘 하늘 높이 덧칠 된다
한쪽은 띠구름으로 길게 늘어진 뱀 비늘 같고
또 한쪽에 고기비늘 아침 노을진다

어쩌면 저리도 그린 그림 같을까
갯벌 그림에 섬 모양의 섬 그림
아래쪽으로는 학 깃털 흘려놓은 듯
붓 지나간 자리처럼 하얗게 흘렀다

로마의 영혼

이 유적지에 남아 잠자는 흔적들
눈으로 보는 역사 보는 눈에 눈물 난다
크고 작은 그 많은 돌 높이가 얼마인가

깨어 옮기고 깎아 다듬고
쌓아 올리고 다듬어 세우고

그 세월에 사람의 힘으로 어떻게 쌓았나
오백 년 그 이상 더 많은 세월
말없이 떠난 영혼 여기에 잠들었나

옮기다 깔리고 쌓았다 부러지고
다듬다 찢어지고 떨어져 직사하고

얼마나 많은 사람이 여기에서 희생됐나
그 시간에 들려오는 고통의 아우성
죽어서 들어내는 통곡의 소리 들린다

섬 고향

갯벌에 꿈 묻고
바위 찾아 담은 시간
바구니 안 그 시간 다 어디 갔나

썰물 따라 들어가
바위 찾아 오르내리던 날
옮기는 바구니에 쪼은 굴만 담았겠나

포구 아래 옛 흔적
껍데기로 휩쓸리고
밀물의 갈매기 그 시간 찾는다

가을 기차

멀리 바라보면 그림이 되고
창 넘어 가까이 시간이 된다
이렇게 빠른 시간 눈 안의 먼 그림들
보내는 그 세월과 무엇이 다를까
가까이 본 지나간 시간
멀리 보던 스쳐 간 그림들

정거장이 다가오면 다 기억될까
이제 멈춰 내려야 할 정거장
몸 추스르고 짐 꾸려 손에 드니
잃은 시간 본 그림 모두 희미하고
인생과 같이 달려온 기차
꾸린 짐 내리고 시간에 그림도 잊으라 한다

단풍 지는 날

기다림의 오월이
지는 단풍의 아쉬움만이나 했던가

푸르름에 찾은 새 노래하던 곳
여름 바람 시원히 스쳐 간 계곡

씻어준 소나기구름
산 너머 강 건너가던 날

따라오던 가을바람
어디쯤 왔었나

귀뚜라미 그 잠깐
슬며시 떠나고

들녘 잃은 참새 떼
마을로 찾아든다

가을의 그날

보릿고개는 봄에 있는 것만은 아니다
가을 보릿고개는 그것보다 더 길기에
찾아올 겨울 덮일 눈에 칼바람이 기다리고
이 시간 양지는 그 긴긴 고개에 죽음으로 준비한다
봄 양지에 돋아난 싹 그 얼마나 예쁜가
피는 꽃에 찾는 나비 떠날 줄 모르고
봄 날씨에 가을 날씨 비슷한 온도이건만
가을은 왜 시들고 죽어 가야 하는지
봄 날씨의 아지랑이 먼 산 그리움에 파란 보리밭
길다는 봄 보릿고개가 가을 보릿고개만이나 할까
채웠다는 김치 항아리 광 안의 쌀독
첫눈 내릴 무렵 얼마나 내려갔나
이 단풍 지고 낙엽 다 떨어지는 날
일곱 여덟 손가락 안 그 긴긴 보릿고개
봄날에 철새들이 얼마나 헤아릴까
가을 양지에 시드는 풀 새 생명의 봄을 기다린다

낙엽

푸르름의 여름날에
그늘 지어 주었건만
이제 떨어져 오그라드니
바람이 굴리는구나

이리 밀고 저리 굴리고
놓쳤는지 놓았는지
알 수는 없지만
지나는 이 발에 밟혀

부스러져도 굴려대니
그리 그렇게 굴려야 하는 건가
비 맞으면 어떠할까
그때는 무거워 못 굴리겠지

가을 산길

단풍잎 높이
새털구름 아름답고
바람 불어 옷 추스르니
모를 마음 둘 곳 없다

오르고 오른 산길
계곡물 위 노란 단풍
언제 떨어졌는지
그 자리에 빙빙 돌고

손 담근 한 모금의 물
시렵고 차갑다
아직 가을이라 할까
물에 뜬 단풍 쓸쓸히 떨고 있다

단풍의 하늘

궂은날 온종일 비오는 날도 있었다
맑은 날에 조각구름의 파란 하늘도 있었고

움트이던 봄날에 하얀 찔레꽃
이 기슭을 찾는 철새도 앉혔었다

시원한 여름 바람 불어오는 날
여기 찾는 이의 그늘도 되어 주었고

이제 떨어지면 무엇이 되어 줄까
차가운 바람만 쓸쓸히 스쳐 간다

사랑의 낙엽

보이는 산 아름답고
낙엽 한 잎 예쁘다
줄무늬에 벌레의 공간
빨간색은 어릴 적
선물 받은 장갑 같고

동그라미의 공간은
누구의 모습일까
햇살에 비춰보는
걷는 길에 빨간 낙엽
공간에 얼굴 넣어
나의 얼굴 그린다

늦가을의 뜰

바람 휭하니 낙엽 굴려 모으고
뜰 앞 장독대에 그 낙엽 쌓인다
이 생각 저 생각 친정 집 생각
텃밭 배추는 동여맸는지

늦가을에 가는 가을
친정 엄마의 바쁜 모습
아프시다던 할머니
문밖 거동에 궁금하다

이 집 오기 전 시집살이를 알았겠나
날 추우니 아이들 옷 입혀야 하고
엄마의 일 그대로 엄마에게 미안하다
그래도 이 집은 그리 부족하지 않은데

나 자란 우리 집은 어떠했었나
그날에 엄마 마음 엄마에게 미안하고
구르는 낙엽에 눈 떨어지지 않는다
뒤우침의 그날 부족했던 우리 집
우리 엄마 모습에 눈시울이 뜨겁다

첫 얼음

움츠린 몸
입어도 춥다

장독대에 종이 얼음
거둬내던 날

지붕 위 하얀 서리
긴긴 겨울 알리고

나무 꼭대기에 짖는 까치
성황당 길 바라본다

김장의 밤

등잔불에 무채 써는
뒷문 밖 낙엽의 밤
함지 바닥에 깔린 무채
이 쌓은 무 언제 다 써나

파 까는 아이 눈 맵다
까기 싫어 투덜대고
조각 무 쥔 막둥이
더 달라 칭얼댄다

씻어놓은 배추 포기
밤새 물 다 빠질까
생강 새우젓 마늘 찧어놓고
그 다음 고춧가루는 몇 양재기 넣어야 하나

공장 보낸 두세째 년
혼자 사는 큰 아이
이리 저리 나누어 보니
집의 것이 모자란다

제3부

우물 청소

오늘은 벼르고
우물 청소하는 날
보내는 가을에 다가오는 초겨울
우물 둥치의 그릇마다 만지면 차갑다

윗물 다 퍼내고
줄 타고 내려가 보니
더러운 앙금에 나뭇잎 썩은 것
놀이게 헝겊 조각 빈 병에 두레박 추

퍼 올려 깔린 것
이것이 다 무엇인가
이 물을 퍼먹고 몇 년을 살았나
윗물은 깨끗해도 숨은 앙금은 더러웠다

가을 등대

등댓불 멀리

검은 파도 출렁이고

백사장 앞 파도 소리

차갑게 철썩인다

낙엽의 길

어둠에 떨어질까
한낮에 떨어질까
비 오는 날일까
맑은 날일까

바람 불어 날리면
멀리 떨어질 것이고
개울에 떨어지면
그 물 따라갈 것인데

길거리에 떨어지면
어디가 끝이 될까
구르고 밟히고 구퉁이에 몰리고
떨어지는 낙엽의 길 알 수가 없다

가을 흔적

여름을 물들여 가버린 가을
하늘부터 높더니 참새 떼 날고
메뚜기 그 잠깐 며칠의 들녘인가
산기슭 곱던 단풍 구름이 가리고
밤새 울던 귀뚜라미 슬며시 떠났다

떠나는 가을은 흔적을 남겨야 하는 것인지
나뭇가지 흔드느라 찬바람 몰고 오고
이슬 대신 서리 모아 귀뚜라미 쫓았다
길가에 방초 잎 쌓이는 낙엽 꽃잎은 어느덧 바람에 떨어졌나
차가운 비바람 나뭇가지 털어댄다

가을 궤짝

이 궤짝 안 이 옷을 언제 다 입을까
할머니의 혼잣말에 한 세월 묻어간다
아껴둔 옷 밑으로 허드레 옷 위로
옆 궤짝에 쌓아둔 것은 그저 그렇게 입을 옷이고
날 추우니 이제 겹 허드레 옷 꺼낼까

아이들이 이제 그만 사왔으면 되련만
올 때마다 사오니 언제 다 입나
옷보다 고마운 아이들의 마음
이 에미 세월이 그렇게 많을까
하루 열흘 다르게 문밖이 춥구나

가을 마음

무엇을 잃었는지
돌아보면 아니고
손 넣은 주머니에
열쇠만 잡힌다

나올 때 잠그는 문
별 보는 새벽 일터
뜨는 해 넘기기를
그 몇십 년인가

돌아와 문 열면
아무도 없고
썰렁한 보금자리
아랫목이 기다린다

삶이 늘 그렇듯
무엇이 삶인가
또 한 해 가는 가을
낙엽 따라 해 저문다

장터 길

뒷문 앞 팥 콩 항아리에 관심 많은 우리 엄마
깻 자루 주섬주섬 보자기에 챙긴다
오일장 모르는 나 외갓집 가려 하나
눈치에 어디 가긴 가는 것 같은데
나 학교 가면 몰래 가려 하나
지각할까 눈치보고 책보자기 둘러맨 나
다녀온 학교에 들어서니 빈 집이다

상보자기 들춰 늦은 점심 먹는 나
이웃집 할머니 오늘 장날인데 너의 엄마 안 왔니
할머니가 묻는 반가운 한마디
그 말 들은 나 뒷산 길 언덕 한숨에 오른다
무엇이라도 사올까 마음에 없는 엄마 마중
내려 보이는 장터길 아무도 오지 않고
엄마의 기다림에 해 기울어 저물어 간다

은행 잎

하늘 높다란히 보이는 고향 하늘
옛 가을은 그리 멀기만 한 것인가
흔한 단풍에 은행나무 없던 시절
기와집 담 너머에 한 그루 있었고
날려온 그 은행잎 주우며 고르면
촉감에 색깔이 그렇게 예뻤던지
기와집 은행 잎 눈앞에 스쳐간다

낙엽의 언어

잠이 든 추운 겨울이
오늘을 위한 꿈이었나
움 속에 꿈 모아
세상 밖 나와 보니

비바람에 춥고
뜨겁기도 했었다
연속의 낮과 밤
그 소리에 주눅 들고

물소리 새소리에
깨닫지 못한 시간
서릿발의 깨달음에
끝이었음을

북풍에 물들기 전
벌레가 갉은 공간
떠난 벌레에게도
세월을 배웠다

낙엽의 회고

이렇게 쉬운 것을
이렇게 짧은 것을

그래도 남음이 있어
겨우살이 파란 풀은

뿌리에 꿈 묻고
다음을 기다린다

순 실수

돌 던진 사람

침 뱉은 이

소문내는 사진사 양반

나는 맞고 찍혔으니

그 사람을 찍으시오

쥔 돌 뱉은 침에 무엇이 들어 있나

나무까리

엄마 곁을 못 떠난 나

여기에 있어도 엄마 품에 있어요

혼자 아닌 우리 엄마

내가 있었고

나는 아내 아닌

우리 엄마가 있었다

가을 시간

시계가 없어도
쯤의 시가 가늠되고
구름이 가리는 해
안 보여도 알 수 있다

가랑잎 구르는
쓸쓸한 하루
이슬이 마르면
열 시쯤이고

머리 위 해 기울어
그림자 밟히는 듯
그때쯤이면 한 시가 된다
바람 설렁설렁 낙엽 하나 둘 떨어지면

그때에는 두 시에서 세 시 사이
낙엽 우수수 네다섯 시
머리 위 해 서산에 걸쳐
불어오는 소슬히 바람 저녁을 알린다

작은 운명

누가
이 운명을 엿보고 소문낼까
걷다 보니 이 길은 나의 길이 아니었고
더 걸어도 그 길이 나의 것이 아닌데

누가
누구의 운명을 알고 있다면
모를 그 운명은 누구의 것인가
모르고 걸어온 길 거미줄로 가득하고

누가
이 거미줄 거둬주지 않으니
나 이대로 이 길을 가야 하나
그 돌뿌리 많은 길 다시 돌아가야 하나

상수리의 추억

앞산 중턱 상수리 찾는 길
이 나무에 오를까
저 나무에 오를까
올려보면 까마득히
올라 갈 수 없고
밑에서 줍자니
쥔 자루가 부끄럽다

이 방법 저 방법
돌로 두드릴까
발로 두드릴까
집에 다시 다녀와
떡메로 두드릴까
귀찮아도 떡메 찾아
떡메로 두드리니

우박 덩이 쏟아지듯
후두둑 떨어지고
주워 담는 그 재미에
차오르는 자루의 기쁨
반 자루 주우니
싫증에 꾀가 난다

그날의 구름

먼 먼 고향 하늘
고향 하늘에는
그런 구름이 있었지

봄날에 조각구름
여름날에 뭉게구름
가을날 높이 높이
흩어진 새털구름
굴뚝의 연기 묻히는
겨울날 허기의 구름

어디 그것뿐이겠는가
봄날에 꽃동산 못 잊을 찔레꽃
여름날 봉숭아 가을날에 맨드라미

그리고 그리움을 그리는
뻐꾹새 뜸북새의 울음
그 울음에 눈물 훔치던 날
불어오는 바람으로
눈언저리 씻었고
산 넘는 구름 따라
구름 되어 뒷산을 넘었지

고향의 무지개

어느 날인가
그해 어느 여름날
나만이 간직할
추억 하나 있었지

전설에 전해오는
그 예쁜 선녀
저 무지개 타고
내려오지 않을까

개울가 멀리
들녘에서 앞산으로
커다란 쌍무지개
바라보던 날

모습은 몰라도
혹시 나의 기다림
지워진 그 무지개에
미련을 남겼었지

아가의 별

아가야
보이는 저 먼 별은
너의 것이고
이쪽의 반달은
엄마의 것이란다

먼 훗날
네 보았던 그 먼 별은
엄마의 것이고
내 보았던 반달은
너의 것이려무나

선창의 노을

저 먼 섬 지나는 배
어디로 가나
바람 쓸쓸히
뱃머리 흔들고
옷 여미는 마음
석양에 젖는다

멀리 보이는 섬
석양에 금물결
그 잠깐 노을 지면
지워지는 것인가

어둠에 가린 섬
등댓불 가물가물
선창의 밤바다
파도 소리 고요하다

벼이삭의 달

지워진 들녘

볏단에 묶이고

볏단에 묶인 들

볏 가마에 들어간다

이삭의 달이 비추는 들

남은 것이 무엇인가

그 아이의 꿈 모아

서산을 넘는다

제4부

수수목

한가위 보름달
밝기도 하구나
세월 젓는 수수 잎
그 소리를 누가 듣나

탐스런히 숙인 고개
목 잘라 엮으니
양지에 볕 쬐며
아가의 꿈 기다린다

털어 찧은 수수쌀
몇 됫박이나 나올까
만삭의 며느리
한 줌 더 올린다

징검다리 계절

이어지지 못하는 것이 가을과 겨울인가

그래도 봄은 여름이 있고

여름은 서늘해도 가을이 있었는데

가을은 그렇게 끊어져야 하는 것인지

서릿발 한 번에 끊어진 생명들

다음의 징검다리는 두들겨 보았나

끊어지지 않으려 안간힘을 썼어도

순리에는 모두가 어쩔 수 없는 것

사랑의 언어

사랑할 수 없었는데

사랑할 수 있었고

미워해야 했었는데

미워하지 않았다

마지막도 그 사랑을

미워하지 않았다

귀띔

탓 많고
남의 말 많은 세상

감출 것도 없고
보일 것도 없는데

무슨 말들이 그리도 많은지
그들이 이 속을 알기나 할까

거머리 속 뒤집듯
뒤집어 보일 수가 있나

신은 버선 벗어서
손 넣어 뒤집을까

거울 뒤 그들도
다 같이 검고 흰데

어찌 나만 몰아세워
다들 검다 하는가

귀띔해주는 이

그 진심이 무엇을 의미하나

몰아세워 몰리니 어떻게 할 수 없고
타드는 속 응어리에 죄 몫만 늘어간다

석양의 양지

먼동에 닭 우는 소리
지붕 위 하얀 서리
누구의 집 연기가
먼저 피어오를까

닭 가죽 살 지우느라
아침 햇살 펴지고
졸음의 양지 그 잠깐
석양볕에 바람 온다

나 부르는 이 누구 없소
누더기 옷 나 누구요
허기의 저녁연기 하나 둘 끊어지고
노을 진 서쪽 하늘 기러기 멀어진다

입맛

쓰고 단 것은
혀끝의 것이요
골라 입에 넣은 것은
눈 안의 것이 아닌가

무엇을 넣었던
받아야 하는 배
그 혀끝과 눈은
뱃속을 알고 있나

넣으니 받아야 했고
많다 해도 넣는 혀 눈
그 뒤처리는
무엇이 할 것인가

탈이 나도 배의 탓
많고 적어도 배의 탓
혀와 눈의 그 속
알 수가 없다

낙엽의 그날

낙엽 한 장 주워 갉은 공간으로 들여다보면
무늬는 안 보여도 밖을 볼 수 있다
갉은 공간 그 벌레 무엇을 가르쳤나
감어야 하는 한쪽 눈은 무엇을 의미했고

멀리 보면 볼수록 모아 보이는 세상
그 곳도 이 좁은 공간으로 나를 볼 수 있을까
길고도 먼 시간 먼 곳의 그것들
갉은 벌레 더듬이로 다시 한 번 짚어본다

방랑의 노을

나를 속인 나는

하룻밤의 꿈이요

지나간 시간은

이 눈의 속임이었다

따라오는 그림자

어디로 가자 하나

아내의 일기

거울에 이 모습이 나의 모습인가
귀염둥이 엄마 남편의 아내이고
무엇을 발라 이 주름을 펴야 하나
얼마 전 처녀 때에는 이런 걱정을 안 했는데
양귀비도 때가 되면 주름잡히는 것인지
세월이 끼얹는 죽은 깨 부스러기에
머릿결도 옛날처럼 윤기가 없고
눈썹을 말아 올려도 그 모습이 아니로구나
주름은 아직 그리 많지 않아 펴질 것 같은데
수심의 얼굴은 웃어도 그 표정이고
눈가에 주름 느니 늙는 모습에 허무해라
그 미소를 살짝 지어 웃어도 징그럽고
어느 옷 하나 모양새에 맞는 것이 없으니
아줌마 아닌 아짐니가 되려나
이제 누가 관심을 가져줄까
허드레 옷 입으니 그것이 편안하고
착각에 바라보면 다른 곳을 보는 사람들
한때에는 나도 예쁘다 하던 아가씨였는데
신은 신도 굽 낮으니 누가 나를 바라볼까
입어도 벗어도 예쁜 구석 하나 없고
슬리퍼에 시장바구니 머리는 어떻겠나
어떤 몸짓 애교도 예쁘지 않은 나

남편만이 나 하나만을 양귀비로 보아 주지 않을까
해야 할 일 설거지 빨래에 집안 청소
아이는 왜 그리 이 에미만 찾는지
엊그제 이 집 오기 전 엄마만 부르면 다 해결됐었는데
창밖에 낙엽 쓸쓸히 부는 바람
지금 우리 엄마 뭐 하고 있을까
다 던져놓고 엄마네 집 가고 싶어라
나 좋아하던 것 얻어먹으러

노을의 그리움

나 있는 이곳도
가야 할 그곳도
저녁연기 지붕 높이
아래목이 그립다

하루 세 번 세 끼니
어느 웃음이 찾아 줄까
며칠의 이곳도
가야 할 그곳도

몸뚱이 안 던지면
굶어야 하는 것을
아직은 춥지 않아
견딜 수 있는데

더 추워 바람 오면
어디로 가야 하나
홀로 남은 떠돌이 인생
짚까리에 의지하니

그 석삼년 쌀자루
어린 가슴에 눈물 난다

이제 이 집도 떠나야 하나

내일의 오늘 노을 짚까리에 젖어든다

몸살의 달

낳을 병인 줄 알면서 앓아야 하는 몸
머리맡 냉수 한 그릇에 세월이 서럽구나
엄살에 앓는다 듣기 싫다 하는 소리
몹쓸 병에 긴 병이면 얼마나 구박할까
내 앓고 싶어 앓고 눕고 싶어 누웠겠나
봄부터 안팎으로 뿌리고 거둬들였더니
그 며칠 앓는 것을 그렇게 말해야 되겠나
누웠어도 다 어렵고 바쁜 줄 아는데
기껏 들리는 소리 서운하구나
식구 중 누가 아프면 나를 얼마나 들고 볶아챘나
저놈들 키우느라 밤낮이 없었고
얼마 전부터인가 자주 오는 몸살
그 좋다는 보약 한 첩 못 먹어본 인생인데
서운하다 서운해 내 얼른 일어나
그 듣기 싫은 엄살에 앓는 소리 안 하려무나

사랑의 밤

밤이 깊을수록

더 깊은 사랑

별들이 속삭인들

우리만이나 할까

다녀온 은하수 길

따 모은 그 작은 별

오늘 이 밤 꺼내어

하나하나 세어본다

흠

하 간사한 사람들

흠이 없는 것처럼

아니 없을 것처럼

사람만이 겉과 다른

제 몸 안의 흑과 백

겉 흰 나는 흠이 많다

겨울 찌개

더운 여름만큼이나
따뜻한 아랫목
물 솥에 물 식지 않았겠지
밖은 쌓인 눈에 바람 불어 추워도
방 안은 화롯불에 훈훈하니 따뜻하다

삭힌 고추에 짠지의 무 썰어 넣고
쓰다 남은 북어 대가리
그 다음 묵은 된장은 몇 숟갈 넣을까
화로에 앉힌 된장 하루 종일 올려놓으니
뚝배기의 구수함 저녁 밥상 기다린다

고독의 겨울

디딘 발 하얀 세상
어디가 끝일까
돌아보면 발자국뿐
그 발자국 멀어진다

누구라도 함께하면
두 발자국 남겨질까
다시 돌아보면
한 발자국 외롭고

여미어주듯 여미는 옷
누가 여미어주는 듯
기다림의 눈꽃 그림
이 마음에 그려진다

아궁이의 노을

초승달 외로운 밤
나뭇가지에 걸린 밤
서쪽 하늘 밤 기러기
어디로 가나

깊은 밤 서러운 밤
부엉이 우는 밤
앞산 기슭 우리 엄마
누구를 부르나

내 동생 우는 밤
엄마 찾는 밤
누룽지 한 줌 쥐고
어디 가자 하나

겨울 저녁

나뭇가지 위 떨던 새
우리 초가 내려보고
저녁 바람 쓸쓸히
가루눈 뿌려댄다

어쩌다 목깃으로
날려 들어오면
돋는 소름은 참겠는데
마음이 그리 시려운지

홑껍데기 위아래 옷
그 옷만큼이나 얇은 마음
가난의 어린 마음은
입은 옷만큼이나 시려워야 하나

집에 들어가야 쓸쓸히 그렇고
안 들어가자니 춥다 못해 시렵고
찾는 아궁이 앞 때는 불
우리 굴뚝에도 연기 피어오를까

바람 설거지에 문 삐걱
마루에 걸린 체 떨어지는 소리

가혹한 그 세월의 살 찢는 가르침
지금도 그 교훈 뼛속에 스며든다

까치의 기억

추운 날에 더운 날 비 오는 날도 있었다
덮인 눈에 바람 불면 시려운 날도 있었고
높이 오른 미루나무 누구네 집인들 안보일까
내려 보이는 집마다 뭐 하는지 다 알고
어느 집은 아침 일찍 부엌일에 쇠죽 쑤고
또 어느 집은 햇살이 깨워도 아무도 안 보였다
무슨 까닭이었나 식구들이 안 보이니
아침 솥에 불 안 때면 배고플 것인데
몇 해 후인가 찾아온 그 집 미루나무
내려보니 집 기울고 삭은 울타리 쓰러지고
빈집에 쓸쓸하니 방초만 무성했다
처음 날 문 뜰 앞에 아이들 신만 있었는데
어른은 없고 아이들만 살았었나
그 옆집 나 올려보던 그 노인도 안 보였다

겨울 하늘

양지에 앉아 먼 하늘 올려보면

하늘 높이 한 조각 구름 조용히 산 넘는다

더 높이 높이 내 마음 올려볼까

그러면 구름 따라 저 산 넘겠지

마음 올린 파란 하늘 잡힐 것이 무엇인가

허공의 파란 하늘 이 마음이 저어볼까

허공은 내 마음을 저을 수 있었는데

이 마음은 허공을 젓지 못했다

11월의 밤

11월도 흐지부지 그믐에 가깝고
계획한 1년의 일 나뭇가지에 걸친다
처음 달 달력 1년의 그 많은 날
이제 다 지나가고 1달 남았나

지나보면 그 짧은 것을
어찌 많이 남았다 생각했나
달력도 두둑이 첫 장부터 지루했던
다 지나간 11월의 그믐 무렵

1달 남은 12월은 무엇부터 해야 하나
계획한 한두 가지 그 일도 남았는데
무엇을 먼저 하고 내일로 미룰까
1달 안에 해야 하는 돈 들어가는 일

그것도 모를 일 약속들을 안 지킨다
내 마음대로 되는 일 어느 일이 이루어질까
세상은 마음대로 안 된다더니
이 모두 나를 두고 하는 말이 아닐까

나뭇가지에 걸친 일 언제 다 떼어내나
짚어보는 날짜에 걸림돌 많고

1달 안 짧은 시간 1년 안의 계획들
11월 그믐밤 꼽는 손가락이 모자란다

이 도서의 국립중앙도서관 출판예정도서목록(CIP)은 서지정보유통지원시스템
홈페이지(http://seoji.nl.go.kr)와 국가자료공동목록시스템(http://www.nl.go.kr/kolisnet)에서
이용하실 수 있습니다. (CIP제어번호 : CIP2017005871)

기억의 슬픔

초판 1쇄 발행 2017년 3월 27일

지은이 이원문 **펴낸이** 임정일
책임 임병천 **편집** 김지해, 김수경 **디자인** 이동헌

펴낸곳 책나무출판사
출판신고 2004년 4월 22일(제318-00034)

주소 서울시 영등포구 신길3동 325-70 3F
전화 02-338-1228 **팩스** 0505-866-8254
홈페이지 www.booktree.info

ISBN 978-89-6339-530-2 03810